Monika Feth

Weihnachtsgeschichten

Illustrationen von Kerstin Völker

Der Umwelt zuliebe ist dieses Buch
auf chlorfrei gebleichtem Papier gedruckt.

ISBN 3-7855-3697-6 – 3. Auflage 2005
© 2000 Loewe Verlag GmbH, Bindlach
Umschlagillustration: Kerstin Völker
Reihenlogo: Angelika Stubner
Gesamtherstellung: sachsendruck GmbH, Plauen
Printed in Germany

www.loewe-verlag.de

Inhalt

Später Besuch

Es ist Heiligabend.
Oma und Opa sind da,
wie jedes Jahr.
Wir trinken Tee
und essen Früchtekuchen,
wie jedes Jahr.
Und als es dämmert,
machen wir Bescherung.

Mittendrin klopft es
an der Tür.
Mama macht auf.

Vor ihr steht der Nikolaus.
„Von drauß vom Walde
komm ich her",
sagt er und niest.
Mama bittet ihn herein.
Er sieht den Christbaum
und stutzt.

10

„Du bist ziemlich spät dran",
sagt mein Bruder Kalle.
Der Nikolaus senkt den Kopf.
Das ist ihm noch nie passiert!
„Ich werde alt", sagt er.
„Und bin zu langsam. Wie peinlich!"

„I wo", sagt Oma
und versorgt ihn
mit Hustensaft, Taschentüchern
und Pflanzenöl.
Papa hilft ihm,
die Rentiere auszuspannen.
Opa breitet in der Garage
Decken für sie aus.

Und dann lädt Mama den Nikolaus
zum Essen ein.
„Meine Uhr geht falsch",
entschuldigt sich der Nikolaus.
„Vielleicht habe ich aber auch
ganz einfach verschlafen ..."
Er scheint ein wenig verwirrt.

„Wo sind denn die Geschenke?",
frage ich.

Kalle tritt mich unterm Tisch.

Der Nikolaus sucht und sucht.

Er findet den Sack nicht mehr.

Da müssen wir lachen,

und am lautesten

lacht der Nikolaus.

Er bleibt bis zum Morgen
und erzählt uns Geschichten.
Und das ist
das schönste Geschenk,
das er uns machen kann.

Schokoküsse für alle!

Der Weihnachtsmann
war schlecht gelaunt.
Er schnauzte die Engel an,
schubste eine Wolke beiseite,
die ihm im Weg war,
knallte die Tür hinter sich zu
und warf sich in den Sessel.

Die Weihnachtskatze
ging in Deckung.
„Was ist nur los mit dir?",
fragte die Weihnachtsfrau.

„Paul will eine Murmelbahn",
knurrte der Weihnachtsmann,
„Ria ein Schaukelpferd,
Marius einen Roller,
Kerstin Schlittschuhe.
Nur mir schenkt keiner was!"

Die Weihnachtsfrau
ging in die Werkstatt der Engel.
„Mein Weihnachtsmann
ist traurig",
sagte sie.
Die Engel legten
die Arbeit beiseite
und überlegten.

Dann gingen sie
zum Weihnachtsmann
und fragten ihn:
„Was wünschst du dir denn?"
Der musste gar nicht überlegen.

„Eine Kissenschlacht",
sagte er,
„und einen Tag Wolkenrutschen
und Schokoküsse für alle."

Die Engel und die Weihnachtsfrau
holten alle Weihnachtskissen.
Sie machten eine Kissenschlacht
mit dem Weihnachtsmann,
dass der Schnee nur so
auf die Erde stob.

Dann türmten sie
alle Wolken
übereinander.
Auf dem Wolkenberg
rutschte der Weihnachtsmann
den ganzen Tag,
dass der Wind nur so
um die Ecken pfiff.

Und dann aßen sich alle
an Schokoküssen satt.
Der Weihnachtsmann lächelte.
Sein Mund war ganz verschmiert.

„An die Arbeit",
sagte er.
„Wir haben noch viel zu tun."
Schnell kehrten die Engel
in die Werkstatt zurück.
Sie konnten den Weihnachtsmann
laut und fröhlich singen hören.

Krabbelsack

Jedes Kind sollte
ein Geschenk mitbringen.
Für den Krabbelsack
in der Schule.
„Ein kleines Geschenk",
sagte Frau Klee,
„aber eins,
das euch wichtig ist."

Eva zerbrach sich den Kopf.

Tagelang.

Schließlich nahm sie

ihren Zebrastein

und wickelte ihn

in blaues Geschenkpapier.

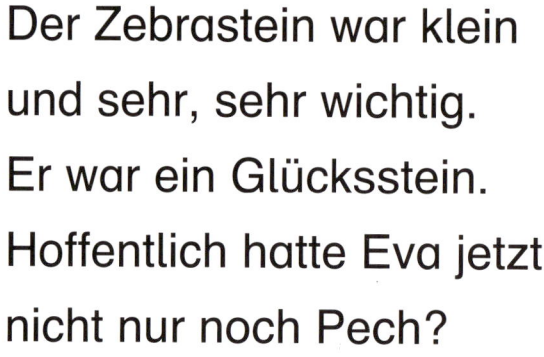

Der Zebrastein war klein

und sehr, sehr wichtig.

Er war ein Glücksstein.

Hoffentlich hatte Eva jetzt

nicht nur noch Pech?

24

Am Tag vor den Weihnachtsferien
warf sie das Päckchen
in den Krabbelsack.
Sofort tat es ihr Leid.
Ihr Zebrastein!
Weiß und rund
mit schwarzen Streifen.
Sie gönnte ihn keinem.
Höchstens Harry, ihrem Freund.

Die Geschenke waren geheim.

Eva hielt es kaum noch aus.

Endlich kam die letzte Stunde.

Harry zog ein blaues Päckchen
aus dem Sack hervor.

Evas Herz hüpfte.

Sie selbst zog langsam
ein grünes heraus.

Ein Stein kullerte
aus dem Papier:
klein und schwarz
mit braunen Punkten.
Unter der Bank drückte Harry
fest Evas Hand.

„Ich hab so gehofft,
dass du ihn kriegst",
flüsterte er.
Da wusste Eva:
Der Stein war von ihm,
und das Glück würde bleiben.

Eis bedeckt den Badesee

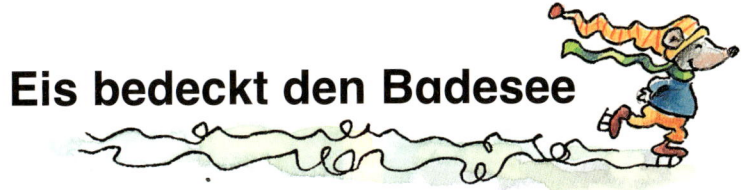

Marieluise schreibt Gedichte.

Martin wartet auf den Schnee.

Mama backt mit Tina Plätzchen.

Eis bedeckt den Badesee.

Kater Kuno streunt nicht mehr.

Papa repariert die Krippe.

Oma übt auf dem Klavier.

Opa liegt im Bett mit Grippe.

Marieluise wünscht sich Schier.

Martin wünscht sich einen Hund.

Mama wünscht sich nur noch Ruhe.

Opa wünscht, er wär gesund.

Kater Kuno wünscht sich Mäuse.

Papa wünscht sich ganz viel Geld.

Tina wünscht sich Kuscheltiere,

Oma Reisen um die Welt.

An den Bäumen kahle Zweige.

In der Küche warmes Licht.

Nachmittags gibt's Tee und Printen.

Kälte glüht noch im Gesicht.

Frost lässt weiß die Gräser glitzern.

Krähen hocken auf den Zäunen.

Kater Kuno schläft am Ofen.

Jede Nacht ist voll von Träumen.

Weihnachtsmärkte, Kaufhausbummel.

Knisterndes Geschenkpapier.

Jeder hütet sein Geheimnis.

Tina fragt: „Wann feiern wir?"

Die Zeit geht langsam,
Schritt für Schritt.
Am Adventskranz dann vier Kerzen.
Opa ist jetzt wieder fit.

Heiligabend, Bratenduft.
Christbaumkugeln, Kerzenschimmer.
Alle sind sich nah wie nie.
Und am liebsten wär'n sie's immer.

Schiefer Baum mit zwanzig Kerzen

Mama und Papa
mussten Überstunden machen.
Am Tag vor Heiligabend
kommen sie aus dem Büro
und sinken erschöpft aufs Sofa.
„Wir haben noch keinen Baum",
sagt Papa und gähnt.
„Morgen", sagt Mama müde.

Nach dem Frühstück zieht sie
mit Karen und Michi los.
Sie kaufen einen Baum.
Erst zu Hause sehen sie,
wie schief er ist.

„Mein Gott!",
sagt Papa nur.
Sie stützen die Tanne
mit einem Besenstiel.

Gegen Mittag
sucht Mama die Kerzen.
Dann fällt ihr ein,
dass sie vergessen hat,
welche zu besorgen.
Papa läuft in die Garage,
Karen und Michi hinterher.
Das Auto springt nicht an.

Papa flucht ganz fürchterlich.
Er flucht noch mehr,
als er den Plattfuß
an seinem Fahrrad sieht.
Sie joggen zum Edeka-Laden.
„Kerzen?", fragt Frau Beifuß.
„Die sind alle ausverkauft."
Aber ein Päckchen
findet sie dann doch noch.

„Zwanzig Kerzen",
sagt Mama.
„Für ein ganzes Weihnachten!"
Genervt geht sie
in die Vorratskammer,
um den Braten zu holen.
Der Hund liegt satt und zufrieden
neben der leeren Schüssel.

Weihnachten ohne Braten!

„Wer hat die Tür aufgelassen?",

fragt Papa drohend.

Alle gucken ihn unschuldig an.

Der Hund schleicht hinaus,

mit eingekniffenem Schwanz

und ängstlichem Blick.

Am Abend sitzt die Familie
beim Schein der zwanzig Kerzen
am festlich gedeckten Tisch.

Es gibt Nudeln mit Käsesoße.
Und Salat.
„Schmeckt sowieso viel besser",
sagt Michi,
und alle nicken.
40

Brief ans Christkind

Liebes Christkind,

ich wollte dir
immer schon mal schreiben.
Weil ich aber noch nicht
schreiben kann,
schreibt meine Schwester Karin
diesen Brief für mich.

Karin glaubt nicht an dich.

Das ist mir aber egal.

Ich glaube an dich,

ganz, ganz fest.

Bist du wirklich ein Kind?

Bestimmt ein besonderes.

Mit Zauberkräften.

Sonst könntest du ja nicht

allen Geschenke bringen.

Ich bin auch
ein besonderes Kind,
sagt Oma.
Aber zaubern kann ich nicht.

Und ich würde auch nicht
allen was schenken.
Ich würde die Geschenke
lieber selber behalten.
Warum ich dir heute schreibe?
Weil du mir immer
lauter schöne Sachen bringst.

Nur nie das Pony,

das ich mir so wünsche.

Du musst es ja nicht tragen.

Es wär ja viel zu schwer.

Du kannst darauf reiten

und es dann

in unseren Garten stellen.

44

Papa sagt,

ein Pony braucht einen Stall,

und unser Garten ist zu klein.

Es kann aber auch

im Wohnzimmer schlafen.

Mama und Papa

gewöhnen sich schon daran.

Du musst dem Pony nur sagen,

dass es nicht so laut

wiehern darf.

Sonst kriegt Mama Migräne.

Das sind Kopfschmerzen,

ganz furchtbar schlimme.

So, jetzt muss der Brief
schnell zur Post.
Mama und Papa sage ich
nichts davon.
Die werden sich freuen!

Tschüss, liebes Christkind!

Deine
Tina!

Eine schöne Bescherung

Ich habe drei Namen:

Köter, Hedu und Hauab.

Der Mann, bei dem ich lebte,

war nicht sehr nett zu mir.

Er hat oft vergessen,

mir Futter zu geben.

Und manchmal hat er mich

sogar getreten.

Zwei Jahre lang.

Gestern bin ich weggelaufen.

Weiter und immer weiter.

Es schneit.

Kalte Pfoten,

kalte Schnauze,

nasses Fell.

Ein komischer Tag!

48

Die Leute hetzen hin und her,

beladen mit Taschen und Tüten.

Sie schleppen sogar Tannenbäume!

So viele Gerüche!

Viel zu unruhig ist es

und viel zu laut.

Lieber laufe ich weiter
in die stilleren Straßen.
Mein Magen knurrt.
Durst habe ich auch.
Es wird schon dunkel.
In den Häusern singen
die Menschen schöne Lieder.

Durch ein Fenster sehe ich

Mutter, Vater und drei Kinder.

Und einen Tannenbaum.

Wie es duftet!

Nach Braten!

Ob ich mal an der Tür kratze?

„Ein Hund!",
ruft der Junge.
Alle kommen zur Tür gelaufen.
„Der arme kleine Kerl",
sagt die Frau.
„Ganz nass und verfroren."
Schon bin ich drin.

52

Sie füttern und streicheln mich
und legen mir eine Decke
neben die Heizung.
„Das ist ja
eine schöne Bescherung",
sagt der Mann zu der Frau.
Sie lächeln sich an.
Und ich weiß, ich darf bleiben.

Kein Weihnachten mehr?

Es stand in der Zeitung:

„Weihnachten ist abgeschafft."

Schon am Mittag

sah alles anders aus.

Keine Lichterketten mehr

in den Gärten.

Kein Weihnachtsschmuck

im Kaufhaus.

Lebkuchen, Nüsse und Marzipan
aus den Regalen verschwunden.
Die Nikoläuse streiften Mäntel
und Bärte ab
und ließen ihre Säcke stehen.

Niemand wusste, warum.
Und niemand fragte danach.
Vielleicht war Weihnachten
zu teuer geworden?
Oder zu laut?

Vielleicht war es
einfach zu anstrengend?
Mama war erleichtert.
Keine Hetze mehr.
Kein Backen und Brutzeln.

24.
Dezember
Montag

Papa war nicht begeistert.
Er musste an Weihnachten
ins Büro.
Kein Weihnachten mehr?

56

Eli und Tom waren entsetzt.

Keine Weihnachtsferien!

Kein Christbaum!

Keine Geschenke!

Kein Besuch von Tante Lea.

Dem Pudel Hugo war es egal,

solange nur

die leckeren Knochen

nicht abgeschafft wurden.

Aber Eli hatte schon
ein Bild für Mama gemalt
und für Papa ein Lied gemacht.
Für Tom hatte sie
ein Buch gekauft
und für Tante Lea
eine Kerze gegossen.
Sie hatte eine solche Wut,
dass sie laut aufschrie ...

58

Und davon wurde sie wach.

Es war Heiligabend.

Am späten Nachmittag

würde Tante Lea kommen.

Sie sprang aus dem Bett,

um die Geschenke zu verpacken.

Weihnachten!

Endlich!

Wie wunderbar.

Monika Feth wurde 1951 in Hagen geboren. Nach einem literaturwissenschaftlichen Studium arbeitete sie als Journalistin. Zuerst schrieb sie Bücher für Erwachsene, dann erfüllte sie sich den Traum, die Bücher zu schreiben, die sie selbst als Kind gern gelesen hätte. Heute lebt sie mit ihrer Familie als freischaffende Schriftstellerin in einem kleinen Dorf in der Voreifel.

Kerstin Völker, geboren 1968 in Bad Schwartau, lebt und arbeitet heute in Hannover. Nach dem Grafik-Design-Studium und freier Mitarbeit in der Werbung liegt der Schwerpunkt ihrer Arbeit heute in der Illustration von Büchern, Zeitschriften und Spielen für Kinder aller Altersgruppen. Gelegentlich ist sie auch selbst als Autorin tätig.

Lesepiraten

... Abc-Geschichten
... Abenteuergeschichten
... Adventsgeschichten
... Computergeschichten
... Delfingeschichten
... Detektivgeschichten
... Dinosauriergeschichten
... Eisbärengeschichten
... Fahrradgeschichten
... Feriengeschichten
... Feuerwehrgeschichten
... Freundschaftsgeschichten
... Fußballgeschichten
... Geburtstagsgeschichten
... Geheimnisgeschichten
... Geschwistergeschichten
... Gespenstergeschichten
... Gruselgeschichten
... Hexengeschichten
... Hundegeschichten
... Indianergeschichten
... Katzengeschichten

... Krimigeschichten
... Kuschelgeschichten
... Lagerfeuergeschichten
... Mädchengeschichten
... Monstergeschichten
... Ostergeschichten
... Pferdegeschichten
... Krimigeschichten
... Polizeigeschichten
... Ponyhofgeschichten
... Rittergeschichten
... Ritterburggeschichten
... Schatzinselgeschichten
... Schulgeschichten
... Schulklassengeschichten
... Schülergeschichten
... Seeräubergeschichten
... Spukgeschichten
... Spürnasengeschichten
... Tiergeschichten
... Torjägergeschichten
... Zaubergeschichten

Loewe